MS-Gedankenspiele II

Sturmwarnung mal wieder verpasst

Caroline Régnard-Mayer

MS - Gedankenspiele II

Sturmwarnung

Bibliografische Information der Deutschen Nationalbibliothek: Die Deutsche Nationalbibliothek verzeichnet diese Publikation in der Deutschen Nationalbibliografie; detaillierte bibliografische Daten sind im Internet über http://dnb.d-nb.de abrufbar.

© 2016, Orginalauflage Caroline Régnard-Mayer
© 2021, 3. Auflage Caroline Régnard-Mayer
Satz und Layout: Caroline Régnard-Mayer
Coverfoto: Caroline Regnard-Mayer
Herstellung und Verlag:
BoD - Books on Demand,
Norderstedt
ISBN: 9783741242847

Juni 2016

Nicht immer bedarf es vieler Worte.

Von heute auf den anderen Tag, von einer Nacht zum nächsten Morgen, war alles anders als Stunden davor. Ich wachte mit starken Schmerzen im Arm auf, konnte ihn nicht mehr bewegen. Als ich mit meiner Mutter telefonierte, verschlag es mir buchstäblich die Sprache - ich stammelte wie ein Kleinkind. Sofort wurde ich von meinen Eltern in die Klinik gebracht, da ein Schlaganfall nahe lag. Von dort wurde ich sofort ins Pfalz-Klinikum überwiesen und somit begann eine Woche der Angst, der Sprachlosigkeit, der Monitoren und Untersuchungen — Hoffen und Bangen.
Ich wurde sechs Tage später entlassen ohne Diagnose, aber es stand fest, dass ich keinen Schlaganfall hatte, aber auch keinen MS-Schub — **aber was hinderte mich am sprechen?**
Ein langer Weg der Genesung begann …

November 2021

… ein auf und ab, eben chronisch progredient. Sturmwarnungen wird es immer geben, aber mit Geduld und Ausdauer kann man sie umschiffen!

Sturmwarnung

Sturm braut sich auf ...
... erst still, dann leise ...
Wellen sanft, brechen am Fels
plötzlich mit Wucht ...
Schaumkronen mächtig
und weiß schäumend ...
... der Sturm tobt als ich erwach ...
... ich ertrinke - helft mir doch ...
... Sturmwarnung wieder verpasst!

MS-Gedankenspiele II

Sturmwarnung

Plötzlich

Ohne Ankündigung wurde mir
das flüssige Sprechen genommen,
plötzlich von einer Minute zur anderen,
von einer Nacht auf den Morgen,
schnell handeln,
der Arm bewegungsunfähig,
von einer Klinik zur anderen,
Untersuchungen beginnen,
Schlaganfall im Genick,
Samstag rein und Montag Entwarnung,
Drei endlose Tage!

... und jetzt?

Wie geht es weiter?
Ratlose Ärzte,
weitere Untersuchungen,
Strom fließt, Kabel an Bauch
und Armen.
es blinkt und schlägt Alarm,
nichts zu fassen,
nichts passt,
prophylaktisch Cortisoncocktail,
rotes Gesicht statt süße Kirschen,
keine Ruhe finden gegen die
Ungewissheit.

Abwarten.

Mutig sein

Wie oft musste ich schon mutig sein,
immer und immer wieder,
aber so schnell gebe ich nicht auf,
mal wieder.
Ohne Mut,
hätte ich schon lange verloren,
und da ist mir mein Leben und meine
Kinder zu wichtig,
aber auch ich bin nicht immer mutig,
mutlos darf ich nun auch mal sein.

Nein

Worte von der weißen Macht,
gegen das schwarze Gift,
NEIN - sagt sie, du kaufst dir
deine Krankheit,
du bist stark, du schaffst das,
sage NEIN so wie ich,
wenn ich es geschafft habe dann
schaffst du es auch.

NEIN, NEIN, NEIN ...
begleitet mich nun beim Entzug.

Natur

Die Natur explodiert um mich herum,
mein Blick auf die Burg
Landeck gerichtet,
sitze im Schatten des Rosengartens,
betört meine Sinne von den Düften,
Rosen so weit das Auge reicht,
genieße,
gewinne meine Stärke zurück,
sammle Kraft.
Eine Libelle fliegt an meinem
Kopf vorbei.
Schirrlende Farben, der Wald
beginnend hinterm Klinikhaus
in allen Farbnuancen an grün,
bin trunken von dieser Pracht.
Mir geht es gut,
auch das ist Glück,
Glück im kleinen und doch so
groß für mich.

Rosenduft

Endlich frei von Monitoren,
schnell in den Rosengarten,
es duftet nach allen Rosensorten,
gewürzt mit Lavendel, Rosamarin
und Malven.
Hummeln fliegen von Blüte zu Blüte,
laben sich satt an dieser Pracht,
Vögel ziehen am Himmel vorüber,
leise schlagen ihre Flügel,
azurblau der Himmel, wolkenlos.

Welch Wohltat für meine Seele nach
vier Tagen Zimmerpflicht.

Besucher

Besucher eilen über den Klinikflur,
manche hektisch,
manche besonnen,
Blumen in der Hand,
frische Wäsche im Korb.

Klick-Klack, hohe Absätze der Damen,
strapazieren unsere Nerven.
Keine Kinder, die dürfen nicht auf die
Station Neuro.
Alte schlürfen über die Gänge,
gestützt von ihren Kindern,
das Blatt hat sich gedreht.
Jetzt sorgen diese Kinder, Töchter
und Söhne, für die Alten.

Manch Besucher ist froh den Besuch
überstanden zu haben,
mancher kommt gerne wieder,
mancher geht in Sorgen,
mancher beschwingt.

Mein Kind

Welch Schreck für meine Tochter,
anstatt ich am Flughafen stehe,
nur ihre Großeltern.

Dann eilt sie gegen Abend zu mir,
nach drei Monaten Trennung,
Tränen fließen, es tut mir weh.

Ich, ihre Mama, stottere und suche nach Worten,
welch Leid ich mal wieder meinen Kindern brachte.

Es tut mir so leid,
ich habe aber unendliche Liebe für euch
und werde es wieder gut machen.

Statist

Zuschauer im eigenen Theater
sprachlos
machtlos
ziellos
mutlos
ratlos
hilflos
lautlos
wortlos
planlos
humorlos

...

Die Macht der Worte

Wie mächtig doch unsere
Worte sind,

ich hatte davon nichts geahnt,

doch spüre ich jetzt diese Macht,

sie drückt mich ständig zu Boden,

doch ich wehre mich,

wieder flüssig sprechen,

das möchte ich,

mächtig sein.

Sprachlosigkeit

Ich bin sprachlos,
will nicht reden,
presse die Worte
zwischen den Lippen,
hilflos,
lustlos,
besser ich schweige.

 **Du selbst**

Bleibe dir treu

schau nicht immer
nach rechts und links

verlasse nicht deinen
Weg

er ist von dir gewählt

träume, lache und
weine

du bist gut so wie du
bist

bleibe dir treu!

Wechselbäder

Weder warm noch kalt
weder unten noch oben
weder himmelhochjauchzend
noch zu Tode betrübt
weder chic noch out
weder Nacht noch Tag
weder mit Stil noch ohne
weder mit Schuhen noch barfuß
weder mit Therapie noch ohne
weder mit Schub noch Schüben

Die MS sind Wechselbäder
unserer Gefühle.

Stehaufmännchen

Ein Gerücht,
auch wenn viele es meinen,
ich lernte nur nach vorne zu blicken,
strauchle genauso wie andere,
jammere vielleicht weniger,
falle genauso oft hin,
doch um Hilfe schreien,
bringt doch nichts,
ich bin weiß Gott kein
Stehaufmännchen,
der Schein, der trügt!

Sprache

Kein Schlaganfall,
Madame MS hat zugeschlagen,
hinterhältig,
fies,
ohne Rücksicht auf meine Gefühle,
gnadenlos aus dem Hinterhalt,
über Nacht,
hat mir die Sprache verschlagen,
mir Worte gestohlen,
zum Wortstolpern verurteilt,
lässt mich zappeln
- ohne Sprache zurück.

Wiederholung

Kennt ihr noch die Maske?

Die Maske steht mir gut zu Gesicht,
kann meine Gefühlswelt dahinter verbergen,
den Schmerz, den Verlust,
passend zur Kleidung und zur MS.

Die Maske ist mein Schutz,
hinter ihr verberge ich meine Angst,
meine Hilflosigkeit, wie jeder andere.

Die Maske narrt mich und ich sie,
sie erkennt meine Angst,
meinen Schmerz,
sie lässt mich nicht mehr los,
wie ein zweites Gesicht.

Ich will die Maske herunterreißen,
doch dann stehe ich entblößt
vor euch,
vor mir und blicke in ein Gesicht
ohne Maske,

Will ich das?

(Ergänzung zum Gedicht "Maske" aus Band 1 MS-Gedankenspiele)

Kämpferin

Man sagt mir, ich sei eine Kämpferin,
ich würde immer wieder aufstehen,
wie so oft,
ich sei ein Vorbild für Betroffene,
doch bleibt mir etwas anderes übrig?

Ich bin keine Kämpferin,
ich bin müde,
möchte mich anlehnen,
aber bei dir, liebe MS,
stoße ich auf Unverständnis
und die Welt da draußen
will mich als Kämpferin sehen.

Doch bleibt mir etwas anderes übrig?

Ja.
Keine Kämpferin sein,
und doch nicht aufgeben.

Eine Minute vor zwölf ...
... wach endlich auf!!!

Leichtigkeit

Wo hast du dich versteckt?
Am Morgen nicht mehr da
als ich aus schmerzgeplagten
Träumen erwachte.

Wo bist du?
Komm zurück,
zu mir, bitte.

Wo , warum, wie ...
Angst in mir,
aber ich handle in Trance.

Leichtigkeit,
komm zurück,
sofort,
gestern,
heute,
morgen.

Leichtigkeit zurück,
mit bitterem Beigeschmack.

Liebe

Stolz verkündige ich überall,
alleine kann ich bleiben,
ohne Mann und Freund,
doch jetzt ist es Zeit,

will reden, weinen, lachen,
diskutieren, planen, laufen,
unternehmen - nicht mehr allein.

Ist es zu spät für die Liebe?

... 1, 2, 3
es ist vorbei!

Die nächste Sturmwarnung
kommt ...
oder auch nicht.

Die veränderte Leichtigkeit
hat mich wieder ...

Ein paar letzte Gedanken und ein Dankeschön

An all diejenigen Menschen, die mich unterstützen, egal bei welchem Buchprojekt, die an mich glauben und die mich nicht ständig an mein „anders gesund sein" erinnern.

Ich brauche das Schreiben wie die Luft zum Atmen, es hilft mir, zu verarbeiten und meinen Alltag für viele Stunden zu vergessen.
Während dem Schreiben flüchte ich in eine Welt, die anders ist, sie half mir dieses Mal in der Klinik mich wieder frei zu schwimmen. Meine Ängste zu besiegen und nach vorne zu schauen. Mal wieder.

Es war bei diesem heftigen Schub, der zum Glück kein Schlaganfall war, ein innerer Überlebenskampf. Ich setzte mich oft in den Klinikgarten, umgeben von einer Blumenpracht, die mir Kraft schenkte.
Ich danke an alle Follower und Freunde, die mir liebevolle Worte schrieben und unermüdlich an meiner Seite waren.

Herzlichen Dank
an meine geliebten Eltern!

Mein Papa besuchte mich täglich, meine Mama hielt die Stellung zuhause und bei meinen Kindern, ihr Besuch in der Klink bedeutete mir viel!

Über die Autorin

Caroline Régnard-Mayer, geboren im Mai 1965, ist von Beruf MTLA. Berentet seit 2005 durch ihre Erkrankung Multiple Sklerose. Sie hat zwei Kinder und lebt in Landau in der Pfalz.
Die Autorin schreibt Ratgeber für andere Betroffene zur Ermutigung und Information, ebenso zur eigenen Krankheitsbewältigung.
Bekannt in Fachkreisen wurde sie mit ihrem ersten Buch „Frauenpower trotz MS … aus dem Leben gegriffen!". Das wichtigste Buch für die Autorin ist ihr Ratgeber "Wir haben MS und keiner

sieht es!", erschienen 2015. Mittlerweile in 4. Auflage. Es beschreibt die unsichtbaren Symptome bei Multiple Sklerose und leistet einen wichtigen Beitrag zur Stärkung und Information der Betroffenen und ihren Angehörigen.

Im Oktober 2017 erschien der ergänzende Ratgeber "Das Gesicht hinter der Diagnose Multiple Sklerose"... Der Tag endet nach einem Arztbesuch mit der Diagnose Multiple Sklerose (MS); das ist ein Schock für jedermann. Das Leben steht für einen Moment still. Caroline Régnard-Mayer, spricht über ihre Erfahrungen und gibt offen und ehrlich Antworten auf oft gestellte Fragen.

Die Autorin ist bekannt durch die Veröffentlichung zahlreicher MS-Bücher und ihren Blog frauenpowertrotzms.de rund um die Krankheit Multiple Sklerose.

Aufgrund ihrer jahrelangen Gruppenleiterfunktion einer Selbsthilfegruppe und den intensiven Austausch mit MS-Betroffenen, weiß sie von der anfänglichen Unsicherheit nach der Diagnose und der daraus resultierenden Hilflosigkeit, die diese Erkrankung auslösen kann.
Sie ist stimmberechtigtes Mitglied im Kommunalen Beirat für Menschen mit Behinderung der Stadt Landau.

Die meisten Betroffenen und Follower kennen die Autorin unter dem Namen „Caro". Sie versucht Mut zu machen und auf ihrem Blog schreibt sie selbst:

Hier kannst du dich mit mir austauschen, weinen, lachen und trösten lassen. GEMEINSAM sind wir stark – trotz MS! Caro gibt erste Hilfestellung und Unterstützung auf dem "neuen" Weg mit der chronischen Erkrankung MS.

Sie können Kontakt mit der Autorin aufnehmen über ihren BLOG:
www.frauenpowertrotzms.de

Im November startete sie mit ihrer Freundin Caroline Mehr, Caro, ein neues Projekt.
Auf diesem Blog bekommen chronisch erkrankte Menschen ein Gesicht. Nicht nur MS-Betroffene. Nach dem Motto: Erzähle uns deine Geschichte – jetzt bist du dran!
www.meine-unsichtbare-behinderung.de

Nehmen Sie mit den Bloggerinnen Caro & Caro über die Webseite Kontakt auf. Sie bekommen umgehend eine Antwort.

Caroline Régnard-Mayer schrieb ihren ersten belletristischen Roman im Sommer 2016 unter dem Pseudonym Rachel Parker. Hier konnte sie ihre Fantasie und ihre Geschichten, die sie seit vielen Jahren im Kopf hatte, endlich zu Papier bringen. Außerdem möchte sich die

Autorin von der bereits zahlreich, veröffentlichten Literatur über die Erkrankung Multiple Sklerose (MS) abgrenzen.

Der Debütroman bedeutete ihr Herzblut und beweist, dass sie auch moderne und unkonventionelle Love Storys mit spannenden Charakteren – mal humorvoll, mal dramatisch, aber immer mit Herz, schreiben kann. Im Juli 2017 erschien ihr Roman "Im Meer des Glücks".

MS - Gedankenspiele (Band 1)
"Schwächen und Stärken"
ISBN: 978-3738609028 - Verlag BOD

MS -Gedankenspiele 2 (Band 2)
"Sturmwarnung mal wieder verpasst
ISBN: 978-3741242847 - Verlag BOD

Lichterglanz im Advent (Band 3)
Gedankenspiele 3 - Sonderedition
ISBN: 978-3741281648 - Verlag BOD

MS -Gedankenspiele 4 (Band 4)
"Sturmwarnung mal wieder verpasst
ISBN: 978-3746047355 - Verlag BOD

Alle 4 Bände sind als Taschenbuch und E-Book überall im Buchhandel und Online-Shops erhältlich!

MS - Gedankenspiele 1 und 2
(Sammelband)
Gedichte für die Seele
ISBN: 978-745013542 - Verlag epubli
Nur als Taschenbuch überall erhältlich!

Hat Ihnen mein Buch und meine Gedankenspiele gefallen, dann würde ich mich sehr über eine Rezension auf Amazon oder sonstigen Online-Shops freuen!

Auszug aus:
MS - Gedankenspiele IV
Einfach Liebe ... vielleicht

Dezember 2017

Nicht immer bedarf es vieler Worte. Auch in diesem Büchlein ...

... und nicht am Ende des Jahres, nicht während der vergangenen Monaten. Manche Gegebenheiten treten überraschend und unvermittelt in unser Leben. Auch die Liebe.

Es trifft uns wie ein Blitz, von einer Sekunde auf die nächste. Unverhofft.

Manche Menschen verweilen; halten inne. Wieder andere spüren nichts von den Anfängen; nicht aus Achtlosigkeit. Sie sind in Gedanken mit sich selbst beschäftigt; mit ihrer Vergangenheit.

Liebe kann einen Menschen verletzten - auf Lebzeiten. Doch die Liebe beflügelt auch trotz Handicap. Sie ist vergänglich, zugleich das Gegenteil. Sie kann auch neugierig auf das Leben machen — Beflügeln, um neu durchstarten.

Die Liebe verändert uns.
Alles ist möglich.

Einfach Liebe ... vielleicht.

Glauben Sie nicht Schokolade wäre ein Ersatz für Liebe.
Die Liebe ist vielmehr Ersatz für Schokolade.

Miranda Ingram (Kunstfigur)

Anfang

Magie
Sterne funkeln am Himmel
Feenstaub tanzen golden um mich
es glitzert und funkelt
endlich wieder Licht am Horizont
Magie — sie hat mich verzaubert.

Pedale

Fahrtwind um die Ohren
es duftet nach Wald
das Wasser sprudelt im Bach
die Sonne streichelt das Gesicht
Pedale für Pedale fahre ich
der Freiheit und dem Glück entgegen.